AF454233

1887

BIOGRAPHIE

ARTISTIQUE

DE

LAURENT LUIGINI

Laurent LUIGINI

M. Laurent Luigini est né à Lyon, le 23 Mars 1845. Son père, François Luigini, était d'origine italienne; il se fixa à Toulouse en 1846, et il occupa dans cette ville au théâtre du Capitole l'emploi important de chef d'orchestre et de pianiste accompagnateur. La place de M. François Luigini était certainement à Paris; il se fut fait une brillante position dans la Capitale sans son excessive modestie; il fit cependant représenter au théâtre Cluny une opérette intitulée FAUBLAS, qui eût pour interprête Mlle Pauline Luigini, sa fille, la créatrice du rôle de Clairette de **la fille de Mme Angot**.

M. Laurent Luigini devait naturellement avoir sa place dans cette grande famille artistique. A l'âge de 7 ans il entrait au Conservatoire de Toulouse, dont le directeur, M. Paul Mériel, apprécia bientôt son caractère et ses aptitudes en ces termes :

LAURENT LUIGINI EST UNE NATURE VIVE, INTELLIGENTE, PRESQUE INDOMPTABLE, MAIS D'UN BOIS DUR, DONT ON FAIT LES FLUTES, et, ajoutait-il, LES BONS MUSICIENS. Aussi, M. Paul Mériel était-il heureux lorsque l'illustre AMBROISE THOMAS, venait inspecter les classes, il pouvait mettre en avant le jeune Laurent Luigini qui portait haut la réputation du Conservatoire de Toulouse.

A l'âge de 15 ans, Laurent Luigini, qui avait alors de la voix,
se fit entendre avec succès; il joua la comédie, et fut très
remarqué dans les ENFANTS TERRIBLES. M. Lomon, un cri-
tique très fin, le père de M. Charles Lomon, l'auteur de JEAN
D'ACIER, accorda à cette occasion à Laurent Luigini des éloges
bien mérités.

Bientôt, Laurent Luigini aborda sa véritable carrière, celle qui
depuis lui a valu tant de succès : la direction instrumentale et
la composition musicale. De 1862 à 1880, il fit les délices de
Luchon par le nombre et la variété de ses œuvres. De 1871 à
1876 il fût chef d'orchestre au grand théâtre de Pau, conduisant
l'opéra italien, l'opéra français et l'opérette. Ici, il est bon de
faire connaître un fait qui prouve de la vigueur et de la tenacité,
et que nous empruntons au journal le **Midi Artiste**, paru à
Toulouse :   En 1875, après faillite, du directeur du théâtre de
« Pau, la ville prit la régie à la condition que les artiste don-
« neraient du nouveau, toujours et quand même. Le marché
« fût accepté, et, en moins de trois mois, M. L. Luigini monta
« vingt huit ouvrages, parmi lesquels nous citerons : Mignon,
« Zampa, Le Pré aux Clercs, L'Ombre, Don pasquale, la Tra-
« viata, etc., enfin le STABAT de ROSSINI avec TROIS CENTS
« EXÉCUTANTS. C'est un travailleur infatigable : infatigable
« précisément parce que le travail lui est facile.
« En 1875, à St-Girons, il créa une fanfare et un orphéon qui
prirent part à plusieurs concours et remportèrent 11 premiers
prix en jouant ou en chantant des compositions de Laurent
Luigini, qui, depuis 1868, fait partie de la Société des Auteurs
et Compositeurs de Musique.

Depuis plus de dix ans, Laurent Luigini n'a cessé de diriger,
dans le Midi, des Orphéons, des Musiques d'Harmonie, des
Fanfares, qui ont remporté des prix importants dans la plupart
des Concours, en exécutant des morceaux de sa composition,
et qui ont attiré l'attention des connaisseurs, et des jurys.

Voici quelques indications à ce sujet :

TARBES

CONCOURS DE 1876

1er prix ascendant. Morceaux exécutés : AVANT TOUT LA PATRIE et le CORBEAU ET LE RENARD.

MURET

CONCOURS DE 1876

1er prix d'exécution à l'unanimité, médaille d'honneur grand module décernée à la Société la plus méritante, une médaille spéciale à M. Laurent Luigini pour la cantate qu'il avait composée.

PAMIERS

CONCOURS DE 1876

1er prix à l'unanimité; Morceau exécuté : MONTAGNARDS, OUVRIERS, MARCHONS, de Laurent Luigini.

TOULOUSE

CONCOURS DE 1877

1er prix ascendant à l'unanimité ; Morceau exécuté : LE LION ET LE RAT, de Laurent Luigini.

BÉZIERS

CONCOURS DE 1877

Laurent Luigini dirige deux Sociétés : 1er prix ascendant, Fanfare : 1er prix à l'unanimité, deux premiers prix de chant obtenus par deux élèves de Laurent Luigini. Morceaux exécutés : LA PETITE JENNY, UN PREMIER CONCOURS, LE TRAVAIL C'EST LA LIBERTÉ! de Laurent Luigini.

PARIS

CONCOURS DE 1878

Laurent Luigini dirige deux Sociétés, et remporte deux des principaux prix. Morceaux exécutés : SOUVENIR DE LAUVERGNAC, L'INDUSTRIE ! de Laurent Luigini.

NARBONNE 1883

1er prix d'exécution. (Division d'Excellence) : 1er prix de lecture à vue GRAND PRIX UNIQUE du CONCOURS d'HONNEUR, une couronne en vermeil et 1,000 fr. en espèces.

BÉZIERS 1886

1er prix à l'unanimité, 1er prix de lecture à vue, 1er prix au Concours d'honneur, palme en vermeil et 250 fr. en espèces. Morceau exécuté : FRANCE ITALIE, de Laurent Luigini.

Depuis que Laurent Luigini est à Montpellier, il a successivement dirigé : l'Orchestre du Théâtre du Gymnase et la Musique Ste-Cécile. Actuellement il a la direction de la Société Montpellier-Fanfare. Il vient de terminer la Musique d'un Opéra-Comique en un acte, ainsi qu'un grand Ballet en 2 actes. Toutes ses heures de la journée sont occupées par des leçons données en ville. C'est un Artiste dans toute la force du terme, qui a su arriver par le travail à une situation exceptionnelle, et qui sait s'y maintenir en se consacrant exclusivement à son art.

Justin BÉCHET